AF224098

(1)

ADRESSE
INTÉRESSANTE
AU PEUPLE,
ET POUR LE PEUPLE.

Le salut du Peuple est la suprême loi.
Salus populi. . . . . . .

On a dit, on a répété par-tout que *le salut du Peuple étoit la loi suprême*, & on a dit une grande & importante vérité ; aussi n'a-t-elle trouvé aucun contradicteur. Tous les Codes de l'Univers se sont fait un devoir de la sanctionner, & de la placer à la tête des loix.

Comment se fait-il donc que la seule loi protectrice des Nations, & adoptée par elles universellement, ait été précisément la seule qui n'ait jamais eu d'effet, & que ce *salut du Peuple* ne soit arrivé nulle part ? C'est, sans contredit, le

Tome I.   *a*

phénomène le plus étonnant qui ait jamais paru sur la terre. Quoi ! cette partie si intéressante des Nations, le *Peuple*, qui a toujours été l'ame & la cheville ouvrière de tout le bien qui s'est opéré sur le globe ; quoi ! ce *pauvre Peuple* n'a eu par-tout pour son partage, & pour le prix de son labeur & de ses sueurs que la misère, l'indigence & la mendicité ! Comment la Terre, ce riche domaine accordé au travail, est-elle devenue la propriété de l'oisiveté, orgueilleuse de ses déprédations, de ses ridicules parchemins, & de ses trente-deux quartiers de fainéantise, de paresse, d'orgueil & de lâcheté ?

Sans les bras nerveux de l'active & industrieuse pauvreté, l'Univers n'offriroit aux regards de l'homme qu'un affreux désert, une vaste solitude parsemée de bois, de ronces & d'épines. Au lieu de ce spectacle brillant de villes, de villages & de hameaux, habités par des milliards d'hommes, & de ces plaines riantes, couvertes de riches moissons & de nombreux troupeaux, l'œil apercevroit à peine quelques malheureuses hordes de sauvages disputans aux oiseaux, des fruits aussi sauvages qu'eux, ou guerroyant contre des bêtes féroces.

Comment l'homme, après avoir ainsi perfectionné l'œuvre de la création & avoir tout fait pour son bonheur, comment est-il resté si fort au-dessous de sa raison, qu'on l'ait vu souvent plus à plaindre que la brute qui erre dans les bois ou sur les montagnes ?

Qui nous expliquera pourquoi un ordre de choses, si révoltant à tous égards, a existé dans tous les gouvernemens, & jusques dans les Républiques où le Peuple étoit son souverain & son maître, & ne dépendoit que de lui-même ? Comment ne s'est-il pas rendu heureux ? Eh ! que demande donc tant le vrai bonheur ? La vie, l'habit & le couvert, le travail & quelque repos. Qui croiroit qu'une pareille tâche ait été jusqu'ici au-dessus de tous les efforts humains ; car on n'a cessé de chercher par-tout les moyens de soulager le pauvre, & sur-tout de se débarrasser du fléau de la mendicité, qui par-tout a rongé l'espèce humaine, & qui est d'autant plus terrible que les secours qu'on lui administre ne servent qu'à le faire prospérer & à l'étendre de plus en plus ?

L'Être Suprême a-t-il donc mis notre bonheur au-dessus de nos efforts ? A-t-il voulu que nous fussions constamment malheureux ? L'évidence, qui accourt de tous les points du globe pour démentir cette assertion, non moins absurde qu'impie, ne démontre-t-elle pas que la Terre a toujours pourvu abondamment aux besoins de l'homme ? Elle nous dit que si la stérilité afflige quelquefois certaines contrées, l'abondance se répand sur d'autres, & que les besoins réciproques des Nations sont utiles pour les rapprocher, les lier par le commerce, & les forcer d'être amies, en les mettant dans une sorte de dépendance mutuelle : elle nous dit qu'il est des pays si fertiles, que pour être heureux, l'homme n'a qu'à vouloir le devenir.

Nous pourrions appeler à témoins ces contrées, mais il suffit de jeter un coup-d'œil sur notre patrie : que lui manque-t-il pour faire le bonheur de ses nombreux habitans ? Sol fécond, gras pâturages, riches vignobles, mines de tout genre, fruits & productions de toute espèce, arts, sciences, commerce, industrie, situation admirable sur deux mers qui lui ouvrent les portes de l'univers & de l'abondance, la France a tout pour elle, tout pour arriver au vrai bonheur, mais y arrivera-t-elle ? Profitera-t-elle de ses moyens mieux que n'ont fait, depuis quatre mille ans, toutes les Nations de la Terre, & cette LOI DU SALUT DU PEUPLE ne sera-t-elle éternellement promulguée & placée à la tête dès loix, que pour reprocher aux gouvernemens & aux Législateurs leur incapacité ?

C'est pour empêcher ce malheur qui retombe tout entier sur le *pauvre Peuple*, & qui n'en pèse pas moins fortement sur l'Administration & sur la masse générale des Citoyens aisés, que nous nous sommes déterminés à publier un Ouvrage périodique intitulé *le Code des Peuples*, ou *les Droits & les Devoirs de l'Homme* ; matière la plus importante qui puisse être agitée, & bien autrement intéressante qu'une multitude de graves niaiseries, ou de nouvelles vraies ou fausses, qui se succèdent avec rapidité, & qui passent avec le moment, tandis que les *Droits* & les *Devoirs* de l'Homme ne passeront qu'avec lui, & que d'ailleurs il ne peut se flatter d'être heureux qu'autant qu'il connoîtra parfaitement les uns pour les faire valoir & les défendre, & qu'il prendra sur lui d'accomplir les autres.

Nous nous proposons de démontrer que c'est pour y avoir manqué par-tout, que par-tout la classe laborieuse des hommes a toujours été dans la peine & la misère, & que c'est de-là que sont venus les maux de la terre. Or, comme nous ne nous apercevons pas que jusqu'ici nos Législateurs prennent la voie de remédier à ce mal, qui est aussi vieux que les loix ; comme sans cela ils auront absolument manqué le but, & qu'avec ses immenses ressources, la patrie notre mère commune, continuera toujours, comme par le passé, de traiter en marâtre ses enfans les plus chéris, c'est-à-dire, ceux aux sueurs desquels elle doit toute sa grandeur, sa gloire & son opulence, nous avons cru qu'on nous sauroit gré d'indiquer un moyen aussi simple qu'infaillible de corriger le vice radical des loix qui ont régi les Peuples, depuis l'an premier des Gouvernemens jusqu'à l'an premier de la République Française, vice auquel on est redevable de l'indigence, de la misère & de la mendicité, ce fléau terrible qu'on n'a pu guérir par aucun des nombreux remèdes employés jusqu'ici chez toutes les Nations du monde pour l'extirper. Aumônes, charités, religion, zèle, politique, punitions, peines afflictives, peines de mort, tout a été inutile, tout a échoué contre ce malheureux écueil, & la sagesse humaine a paru avoir perdu tous ses droits ? Pourquoi ? parce qu'on l'a mise aux prises avec les droits de l'homme ; parce qu'on n'attaque point impunément la Nature ; parce que la Justice est une, comme la Vérité, comme la Divinité, & comme l'homme lui-même. Dès qu'on s'écarte de sa voie, tout n'est que faux pas & chutes continuelles. Aussi ne craignons-nous pas de dire, que quand vous créeriez à la misère son trésor royal, & que vous y verseriez toutes les richesses de l'Univers, vous les trouveriez insuffisantes. Vous verriez des armées de Courtisans en besace, bien autrement nombreuses que les nombreuses armées en baïonnettes qui assiègent l'Europe, assiéger ce malheureux coffre-fort, prendre racine autour de lui, et affamer le monde entier en un petit nombre d'années. Vous en avez pour preuve le Peuple Romain, qui ne fut jamais plus à plaindre, que lorsqu'il eut ramassé dans ses murs tous les trésors de la terre.

Ne seroit-ce pas d'ailleurs appeler l'ennemi au sein de la République, & créer un second État dans l'État ? Créer un fonds pour la mendicité, c'est la perpétuer, c'est en faire retomber le poids accablant sur la pauvreté laborieuse, puisque ce sont les bras du pauvre qui seuls acquittent toutes les dépenses. C'est affamer, c'est tuer l'industrie que de solder, d'alimenter l'oisiveté, la fainéantise, la paresse, la lâcheté, comme c'est déshonorer l'humanité & les loix que de ne pas assurer du pain à la vieillesse, à l'infirmité ; de ne pas soulager la veuve & l'orphelin, aider ce père d'une nombreuse famille que le terrible chapitre des accidens met dans l'impuissance de remplir ses devoirs envers ses proches, de donner du pain à ceux à qui il a donné le jour ou de qui il l'a reçu lui-même.

Voilà, ô mes chers Concitoyens, le premier devoir des loix & des Nations; & c'est les déshonorer, c'est en même temps calomnier la raison, que de les croire hors d'état de faire face à ces saintes obligations. Rien n'a coûté jusqu'ici pour satisfaire les folies de l'ambition; saccager, brûler, inonder la terre de sang & de carnage, emprunter à toutes mains, louer, acheter à grands frais des spadassins pour avoir l'affreux plaisir de se faire tous les maux imaginables; telle a toujours été la belle sagesse des souverains, *peuples,* ou *monarques,* ou *despotes.* On ne doit donc pas être surpris si jamais on n'a vu le bonheur nulle-part, si on n'a vu par-tout que misère. Mais quand on voudra faire parler aux loix le langage de la raison & de la justice; quand on voudra entrer dans l'esprit de la *loi suprême* qui vous dit que le *SALUT DU PEUPLE doit marcher avant tout,* l'homme n'aura plus qu'à se louer de son sort; car il ne faut pas, à beaucoup près, pour

le

le rendre heureux, la vingtième partie autant de peine, qu'on en a pris jusqu'ici par-tout pour en faire le plus misérable des êtres, & rendre son sort plus à plaindre que celui même de la plupart des brutes.

Pénétrés de ces consolantes & sublimes vérités, si intéressantes pour l'espèce humaine, & bien autrement importantes que toutes ces questions plus que ridicules, dont on nous étourdit chaque jour, & qui ne tendent visiblement qu'à égarer l'esprit public & à nous leurrer pour mieux nous tromper, nous avons résolu d'indiquer dans *LE CODE DES PEUPLES* le seul moyen capable de remédier à tous les maux dont nous venons dé parler, & à ceux que nous préparent tant de vils agitateurs, tant de meneurs qui, sous le manteau patriotique, cachent un cœur de bronze & ne méditent que calamités.

Quant à nous, c'est l'olive de l'union & de la paix, c'est le gage de la fraternité, que nous apportons à nos Concitoyens, & non la fatale pomme de discorde. Malheur à nous, si nous avions l'intention de coûter une seule goutte de sang, une larme à la patrie, qui est notre mère commune. Éteindre le fléau de la mendicité, soulager la misère & l'indigence, inspirer une nouvelle ardeur pour le travail, renouveler les mœurs d'elles-mêmes & sans effort, faire germer la vertu par toutes les terres de la République, & attacher invinciblement la classe laborieuse de la Nation à ses devoirs, tel est le but que nous nous proposons, & que nous remplirons. Nous n'avons besoin pour réussir que d'un peu d'attention de la part du *Peuple,* dont *la voix est celle de Dieu même* , & qui est particulièrement intéressé à défendre cette cause qui est la sienne.

Ceux qui voudroient regarder ces promesses comme illusoires, ou comme le fruit de la frénésie de quelque nouveau jongleur, de quelque enfant perdu de l'intrigue, qui se met sur les rangs pour servir quelque tyranneau, quelque petit Catilina & *gagner son petit argent,* ou pour tâcher de sortir de son obscurité & de devenir aussi à son tour un personnage, nous les prions de ne nous juger qu'après avoir lu nos cinq ou six premiers numéros : ils verront que nous ne sommes rien moins qu'une recrue de 1789 , un enfant du jour. Vieux soldat de la patrie, nous avons blanchi sous les enseignes de la Liberté.

En attendant que nous administrions nos preuves, nous prions nos Concitoyens de se rappeler que l'homme sort de cire des mains de la Nature;

que ce sont les loix qui le paîtrissent, & qui en
font un Spartiate ou un Sibarite, un *Laridon* ou
un *César*. Si les mœurs sont les vraies gardiennes
des loix, ce sont les loix qui plient, qui façonnent
les mœurs ; car quoiqu'on en ait voulu dire, les
loix, qui sont le fruit de la sagesse & de la justice
même, sont faites pour commander & jamais pour
obéir.

Aux mille & une objections qu'on peut faire
ici, nous répondrons que nous prêcherons un
évangile reçu par toute la Terre, l'INTÉRÊT, qui
jusqu'ici n'a trouvé ni rebelle, ni apostat ; or, il ne
nous paroît pas que la France soit sur le chemin
de donner ce mauvais exemple, & que le Dieu
TIEN vienne à perdre ainsi tout-à-coup son crédit
parmi nous. Mais où prendre, dira-t-on ? . . . .
Riches, soyez tranquilles, il ne vous en coûtera
pas une obole : nous savons que vous n'en avez
pas assez pour vous ; nous savons également que
la patrie a d'énormes charges ; mais la pauvreté
n'est-elle pas accoutumée à faire des miracles ?
Croyez-vous qu'elle nous refuse d'en faire un de
plus pour elle ? Eh ! dites-nous, où est la richesse,
si ce n'est dans la main du pauvre ? Croyez-vous
qu'elle soit au bout de la plume du Banquier, du
Notaire, de l'Avocat ou du Procureur ? C'est avec

les bras du pauvre, c'est avec les droits de l'homme que nous applanirons toutes les difficultés.

Non-contens de remplir nos promesses, nous ferons part à nos Concitoyens de quelques idées neuves sur plusieurs points essentiels de la légi-lation, vraie science d'un peuple souverain, & qu'il ne nous est plus permis d'ignorer, sans manquer à nos devoirs les plus sacrés. Nous crain-drons d'autant moins de nous égarer, que nous marcherons le Code de la Nature & l'expérience des siècles à la main. Or, on sait que ces deux fidèles ministres de la Vérité ne trompent jamais, quand on les consulte avec soin ; quand on inter-roge à la fois tous les temps, tous les lieux & tous les Peuples, marche que n'ont malheureusement pas suivie nos plus célèbres Écrivains, qui par-là ont embrassé la nue & pris l'erreur pour la vérité. C'est à ce défaut d'attention de leur part que nous avons l'obligation d'une foule de préjugés funestes, & que sur une multitude de points essen-tiels notre raison est pire que dans une véritable enfance.

O vous, nos Docteurs & nos Maîtres, esprits altiers qui ne doutez de rien, eh ! dites-nous, si vous êtes si éclairés, pourquoi ne sommes-nous pas plus avancés dans la carrière du bonheur ?

Voilà quatre ans que des Législateurs, par milliers, travaillent à notre Constitution, & nous sommes déjà parvenus *à inviter tous les amis de la Liberté & de l'Égalité à nous présenter les plans, vues & moyens qu'ils croiront les plus propres à en donner une bonne à la République Française.* Cette Constitution est-elle donc l'ouvrage de Pénélope? A quoi nous servent donc tant d'immenses Bibliothèques, tant & tant de loix sur les moindres parties de l'Administration, tant de Philosophes, tant de Sages, & ces différentes Encyclopédies regardées comme les dépôts de toutes les lumières & de toutes les connoissances humaines ? Comment avec tant & de si grands moyens, & tant de clubs, tous brillans de savoir, appelons-nous des secours de toutes les parties du monde ? Hélas ! si nous connoissions le vrai bonheur, si nous savions en quoi il consiste, nous faudroit-il employer tant de temps & mettre en œuvre tant de moyens pour le saisir ? Il est à notre main, il est à nos pieds, & nous nous obstinons à vouloir le chercher loin de nous. La Divinité l'a placé dans *nos droits & nos devoirs,* sur *notre sol* & dans *notre industrie,* & non dans nos fantaisies & dans les tours de force de notre esprit. Ne diroit-on pas à nous voir que la justice soit un chaos ténébreux ; car enfin il ne s'agit ici que de justice ? Dieu a mis six jours à faire le monde, & lui a imprimé un petit nombre de loix si simples qu'à peine on les aperçoit; on ne voit pas que depuis 6000 ans aucune de ces loix ait souffert la moindre altération, ni qu'aucun de ces corps immenses qui roulent sur nos têtes, se soit écarté de son devoir ; & nous qui savons tout, qui ne doutons de rien, nous sommes continuellement au bout de notre science & de nos moyens, pour donner quelques loix sages à une République que la Nature a comblée de ses dons, & qui, pour être heureuse, n'a besoin que de le vouloir !

Croyez-moi, convenons franchement de notre nullité : imposons silence à nos misérables petites passions, étudions les *Droits* & les *Devoirs de l'homme*, & nous y découvrirons très-aisément ce que tant d'êtres criards ne trouveront jamais. Ils ont brillé, & ils brilleront tant qu'il ne sera question que de détruire, que de calomnier, que de poursuivre leurs ennemis, ou les vertus qui les gênent, car tout cela n'est pas fort difficile ; mais dès qu'il s'agit d'édifier, ces hommes-là n'y sont plus ; aussi ne font-ils qu'embarrasser les autres, les retarder dans leur marche par leurs perpétuelles dénonciations & leurs intrigues, & prolonger ainsi nos dissensions & nos peines.

Voulez-vous mettre fin à tout cela, ô mes Concitoyens ? Voulez-vous, après avoir donné la liberté à la France, lui donner aussi le bonheur ? C'est le seul rôle qui soit digne de vous : vous êtes Souverain, mais non pas Roi; conduisez-vous donc en Peuple souverain, & non en Roi qui sacrifie le repos & le bonheur de ses Sujets aux intrigues de ses Courtisans & de ses vils flatteurs. Songez que ce mal que vous feriez ne retomberoit que sur vous, & que vous en seriez les tristes victimes. N'écoutez donc plus tous ces agitateurs, tous ces bavards qui ne cherchent qu'à vous corrompre pour vous mener comme un vil troupeau de moutons, & vous faire servir de marche-pied à leur ambition ; fermez l'oreille à leurs séductions, & n'écoutez que vos Représentans. Étudiez, & connoissez vos *droits* & vos *devoirs* ; eux seuls vous suffisent, eux seuls peuvent vous rendre heureux, & assurer votre félicité ; car alors les Mahomet & les Cromwel ne réussiroient pas à vous donner le change & à vous égarer.

Mes amis, je sens que je m'oublie; mais pardonnez à mon zèle pour vos intérêts : c'est lui seul qui me fait, à cet égard, jetter le gant en votre nom, à tous ces hommes à voix bruyante, à poumons d'airain qui vous assiègent éternellement

de leurs clameurs, sans autre but que de vous
étourdir pour arriver aux places & s'enrichir à vos
dépens; je les défie d'indiquer un moyen de faire
votre bonheur. Voilà quatre ans tout-à-l'heure que
vous infestent tous ces faiseurs de phrases, tous
ces flibustiers de la Révolution. Or, dites-moi, quel
bien vous en est-il revenu, & comment se fait-il
que parmi tant d'ardens Citoyens que renferme
cette immense capitale, centre des lumières, des
grands talens & des vertus, l'estime publique n'en
puisse trouver un seul que son mérite appelle à
la mairie ? Mais dès-là n'avez-vous pas apprécié
vous-mèmes toutes ces vertus du jour, en allant
chercher loin de vous quelque Patriote digne de
vous présider ? N'est-ce pas dire que vos murs ne
renferment personne capable d'opérer le bien ?

Eh! comment pourroient-ils les guérir ces esprits
fougueux que nous avons vus dans ces derniers
temps, nous ne disons pas, faire marcher le vice
de front avec la vertu, mais lancer anathême contre la vertu elle-même ? Car, n'ont-ils pas été
jusqu'à proscrire les Patriotes modérés, comme si
la modération n'étoit pas le partage de la vertu ?
comme si on pouvoit proscrire l'une sans en même
temps condamner l'autre ?

Mais que deviendrions-nous donc si la vertu ne
marche

marche pas à notre tête, & si on la bannit d'au
milieu de nous ? De quel droit viendrons - nous
nous plaindre de ne la rencontrer nulle part, quand
on ose se permettre de la proscrire sous nos yeux ?
Marius & Sylla ne furent pas modérés, & Rome
fut inondée de sang & de carnage ; Antoine,
Lépide & Octave ne le furent pas davantage, &
la liberté de leur patrie expira sous leur affreux
patriotisme. Mahomet & Cromwel ne furent pas
modérés, & on sait ce qu'il en coûta à leurs malheureux Concitoyens. Voilà donc le genre de
patriotisme & de vertu qu'on veut nous forcer
d'imiter !

O mes Concitoyens, encore une fois, croyez-
moi, croyez un homme qui depuis trente ans s'oc-
cupe de guérir vos maux, & que vous n'avez pas
vu dans vos assemblées faire assaut de poumons
avec vos perfides agitateurs ! Fuyez ces vertus ou-
trées qui ne respirent que désordres, que trou-
bles, que vengeance ! N'oublions pas que l'amour
de la patrie n'est pas cruel; que qui dit *amour* ne
dit pas *haine*, & que la vengeance ne sera jamais
vertu ! Peuple généreux, tu as les flèches d'Her-
cule, sers-t-en, comme lui, pour affranchir l'univers, & laisse les stilets & les poignards aux assas-
sins & aux malheureux esclaves de l'inquisition.

Tome I.

N'oublions pas davantage que *l'égalité* de for- tune que prêchent certains factieux, est une vraie chimère : elle ne peut pas plus exister que *l'éga- lité* de santé, de forces du corps, de talens, d'in- dustrie. Les riches sont aux pauvres ce que les montagnes sont aux vallons, ce que le chêne, l'orme & le pin, honneur de nos forêts, sont à l'arbuste qui enrichit nos vergers ou qui orne nos jardins. Si celui qui vous dit, *qu'il faut en prendre où il y en a*, vous voyoit aller chez lui vivre à ses dépens, vous l'entendriez bientôt solliciter l'exemption en faveur du conseil; mais le mieux est de le dénoncer comme l'ennemi de la chose publique. Brave Peuple ! quand on a vu ta justice condamner à mort & exécuter un malheureux pour le vol d'un simple mouchoir, quand tu épargnes les propriétés des peuples soumis par tes armes, comment ose-t-on te conseiller en face de piller, de voler & de dépouiller tes propres Concitoyens ! Ces scélérats, qui excitent ainsi ouvertement au plus grand des crimes, ne sont-ils pas bien autrement coupables que le filou qui se cache dans la foule, & qui a au moins la pudeur de ne commettre les siens que dans l'ombre ?

Mais où en voudroit-on donc venir après tout, & quel pourroit être le but de ceux qui donne-

roient des conseils aussi pervers , qui ne tendent
à rien moins qu'à la ruine totale de Paris ? Faire
main-basse sur les riches, uniquement parce qu'ils
seroient riches , attaquer, usurper les propriétés
de ses Concitoyens , ce ne seroit pas seulement
commettre effrontément le vol , ce seroit sapper
les fondemens de la Société , assimiler les Français à des hordes d'Arabes & de Tartares , à des
voleurs de grand chemin ; ce seroit renverser toute
idée de justice , détruire par conséquent tout ce
qu'il y a de plus sacré parmi les hommes , anéan-
tir toutes les loix , assujettir la vertu aux vices les
plus destructeurs, enlever au travail , à l'industrie
& aux talens leurs justes récompenses, pour en
revêtir la paresse , la lâcheté , le libertinage ;
enfin , ce seroit livrer la France entière à la merci
de tous les coupe-jarrets de l'Europe, déshonorer
la nation & l'humanité, tout bouleverser, & faire
remplacer la liberté par le plus affreux chaos.

Mais qu'est-ce donc que la liberté , dont le
nom vole aujourd'hui dans toutes les bouches ,
& dont tant de gens cherchent à abuser ? A les
entendre, on seroit tenté de la prendre pour la
toute-puissance ; mais la toute-puissance est un
attribut de la Divinité qui n'appartient qu'à elle
& à elle seule , tandis que la liberté appartient à

tous les individus de toutes les espèces, depuis l'Éléphant jusqu'à la Souris, depuis l'Aigle jusqu'au Roitelet, depuis la Baleine jusqu'au Goujon : or, on le demande à ceux qui voudroient confondre la toute-puissance avec la liberté, si ce ne seroit pas le comble de l'absurdité d'admettre la toute-puissance dans une Souris, un Roitelet ou un Goujon, en qui pourtant réside bien évidemment la liberté, aussi pleine & aussi entière que dans aucun de nous ? Hélas ! que nous sommes loin de connoître cette liberté ! Tout ce que nous avons lu & entendu à ce sujet, nous a convaincus que nous ressemblions à cette mère folle qui étouffe son enfant à force de caresses.

Mais quand on supposeroit que la toute-puissance est un des attributs de la liberté, où a-t-on vu qu'elle permette de piller & de voler ? Il n'y a de permis que ce qui est autorisé par la justice souveraine de ce monde, & la seule qui doive présider à toutes nos actions. Sachons donc & n'oublions jamais que la liberté illimitée est une folie ; qu'il n'est rien qui n'ait ses bornes, & que celles de la liberté ont été marquées par la justice, qui est le complément de toutes les vertus. Tout ce qui est injuste n'appartient donc point à la liberté ; franchir ses bornes ou les outre-

passer d'une seule ligne, c'est donc s'écarter également de la justice & de la liberté elle-même ;
c'est donc se rendre évidemment coupable envers
l'une & l'autre, & sur-tout faire dégénérer la
dernière en licence & en anarchie, vices destructeurs de tout ordre & de tout bien, & les deux
plus cruels ennemis de la liberté.

Donner trop de latitude à la liberté, c'est
donc dès-là même lui enlever sa pique ou son
sceptre, pour le remettre à l'anarchie ou à la licence. Mais n'est-ce pas attaquer la souveraineté
du peuple, & par conséquent se rendre coupable
du plus grand des crimes, si pourtant le plus grand
de tous ne seroit pas de laisser pareil attentat im-
puni, & d'en abandonner le châtiment à la justice
divine dont la peste, la guerre, la famine & les
élémens, ses fidèles ministres, ne se laissent ni
intimider ni corrompre? N'oublions pas un instant
qu'elle n'a jamais laissé impunis les crimes des
Nations, & que l'histoire est remplie des témoi-
gnages de l'exécution terrible de ses arrêts.

Mais en accordant à l'incrédulité que l'histoire
ne soit que mensonges, & que le soleil ne dis-
pense pas la clarté, demandons-lui où en seroit
Paris, s'il cessoit de compter dans ses murs un
grand nombre de Citoyens riches ? On sait que,

placé au milieu des terres , & entouré de villes & de villages très-populeux , il contient lui-même une population immense ; on sait pareillement que le terrein, renfermé au-dedans des limites de son Département, suffit à peine pour lui fournir des légumes , quelques fruits & du laitage , & qu'il n'a pas la ressource des mers , comme Marseille , Nantes, Bordeaux, ou la capitale de l'Angleterre. Obligé donc de se replier en tout sur lui-même , pour y trouver la plus grande partie de ses ressources , comment parviendroit-il à nourrir ses nombreux marchands , ses artistes & la classe beaucoup plus nombreuse encore de ses ouvriers ; comment acquitteroit-il les frais énormes de son administration, s'il n'existoit pas au milieu de cette belle ville une quantité considérable de riches propriétaires, qui ne peut manquer de diminuer de jour à autre, s'ils cessent d'y trouver tous les agrémens de la vie, & par-dessus tout, SURETÉ & LIBERTÉ ? Ceux-là se montreroient donc les ennemis les plus cruels du peuple de Paris, & les plus perfides en même temps, qui l'exciteroient à piller, ou qui parviendroient par leurs menées à alarmer les gens riches, sans la consommation desquels il ne peut subsister. Non-seulement il est de son plus grand intérêt de les retenir, mais encore il doit mettre tout en œuvre, pour y en attirer de toutes les parties de la France, même de l'Europe, &, s'il se peut, de toutes les contrées de l'Univers.

Paris n'est plus ce qu'il fut jadis : il n'a plus ces Traitans, ces gros Financiers qui y attiroient tout l'argent des provinces, ces Grands qui y dépensoient les immenses revenus de leurs terres, ces Prélats, ces gros Abbés qui y laissoient le produit de leurs riches prébendes; ces Cours souveraines, Parlement, Chambre des Comptes, Cour des Aides, Cour des Monnoies, Grand-Conseil, Conseil d'État, ce Châtelet, cette Cour des Finances, & tous ces abus qui pesoient sur l'Empire, mais qui enrichissoient le luxe de la Capitale ; Paris n'a plus pour lui que son industrie, son commerce, & l'assemblée de ses Représentans; or, si la liberté, la sûreté, la justice & la paix ne règnent pas dans ses murs ; si cette urbanité qui a fait si long-temps le partage & le bonheur de ses habitans viennent à disparoître ; si l'on ne prend des moyens de rappeler ceux que les faux amis de la chose publique ont fait fuir & que la crainte tient éloignés, je vous le prédis, avec douleur, Paris qui élève aujourd'hui sa tête superbe au-dessus de toutes les cités de l'Europe, Paris ne peut manquer de voir bientôt ses rues désertes & ses pavés cachés sous les herbes.

Les meneurs, les agitateurs ne manqueront pas de chercher à jeter un vernis de ridicule sur cette prédiction ; mais s'ils avoient consulté l'expérience de tous les siècles, s'ils connoissoient la nature & la marche de la justice, s'ils avoient la moindre idée de la Divinité, si leur intérêt & leurs autres passions n'étoient pas un voile épais qui leur dérobe la clarté du jour, ils conviendroient que ce qui se passe parmi nous aujourd'hui nous mène à grands pas vers son accomplissement. Malheureusement, nous éprouverons le sort de Cassandre, qui ne cessa d'annoncer la ruine de Troie, & à laquelle on n'ajouta foi que lorsqu'elle fût réduite en cendres. La vengeance, qui s'est emparée de nos esprits, n'y laisse point de place à la vérité, ni à la justice.

Signé, J. B. F. *Citoyen de la Section du Théâtre Français*, dite *de Marseille.*

---

*P*age 16, *ligne* 17, *au lieu de* les guérir, *lisez*, de l'opérer.

De l'Imprimerie Polyglotte des RÉDACTEURS-TRADUCTEURS des Séances de la Convention Nationale, rue Aubry-le-Boucher, au fond de la cour, N°. 43, près la rue Quincampoix.

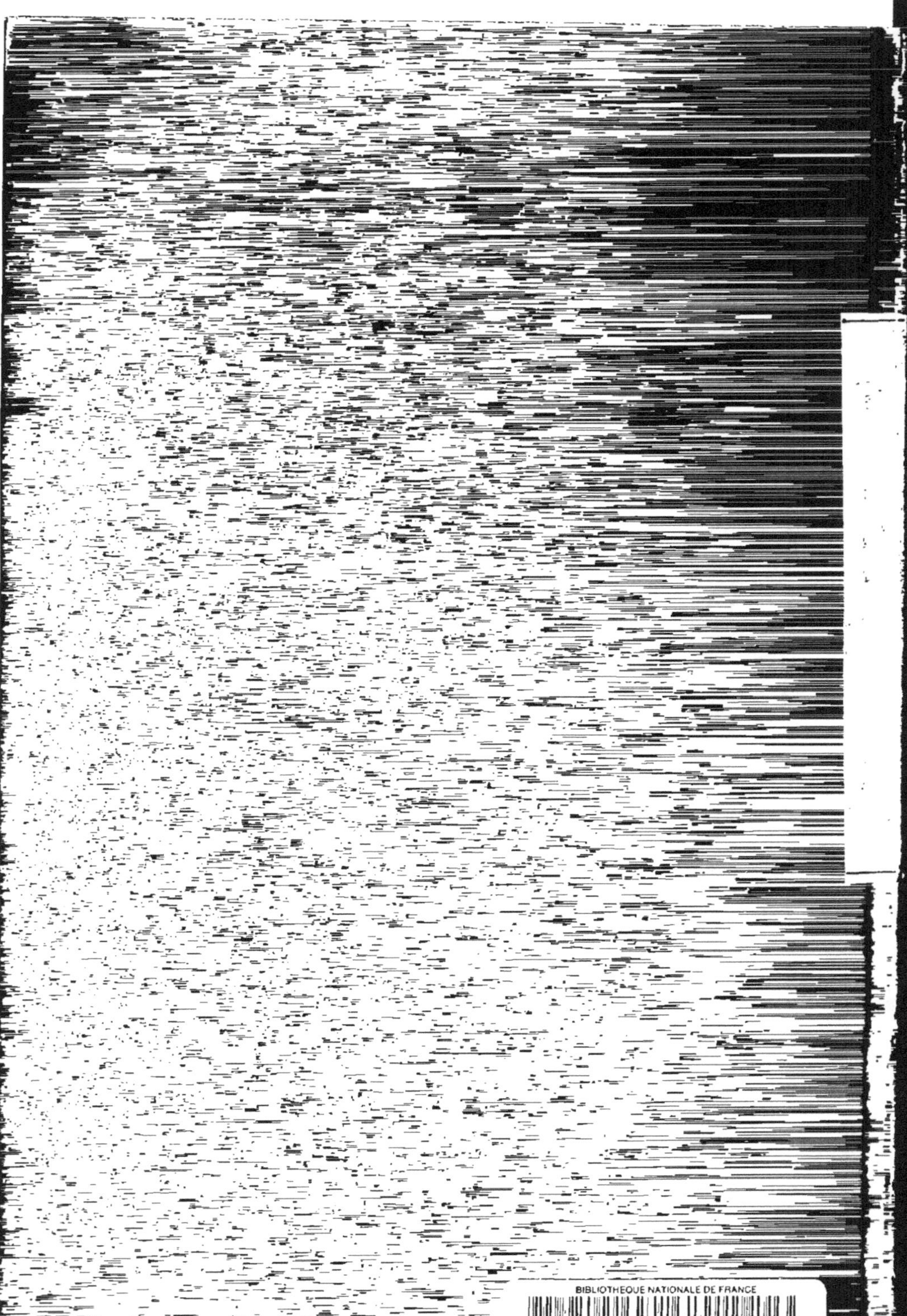